Matthias Daum

SEKUNDARSTUFE I
Lernjahr 1-4

Charlas de un minuto

Kurzpräsentationen im Fremdsprachenunterricht

seleccionar, preparar, presentar!

Cornelsen

IMPRESSUM

Der Autor:
Matthias Daum unterrichtet die Fächer Spanisch, Geschichte und Politik am Niedersächsischen Internatsgymnasium in Bad Bederkesa. Seit Februar 2018 bildet er an der Außenstelle des Seminars Stade in Cuxhaven als Leiter des fachdidaktischen Seminars Spanisch Referendarinnen und Referendare aus.

Projektleitung: Irena Reinhardt und Marion Clausen, Berlin
Redaktion: Anja Sieber, Hamburg
Umschlaggestaltung: Corinna Babylon, Berlin
Umschlagfotos: Shutterstock / Petrovic Igor (Skyline Madrid); Shutterstock / Vanatchanan (Hand); Shutterstock / Stephen Rees (Karteikarte)
Layout und technische Umsetzung: LemmeDESIGN, Berlin

www.cornelsen.de

1. Auflage, 2. Druck 2021

Druck: Salzland Druck, Staßfurt

ISBN 978-3-589-16528-5

PEFC/04-31-2251

PEFC zertifiziert
Dieses Produkt stammt aus nachhaltig bewirtschafteten Wäldern und kontrollierten Quellen.

www.pefc.de

Charlas de un minuto – Überblick über das Kartenset

Kartensorte	Anzahl der Karten	Inhalt
1. Methodenkarten *(je eine für S und L)*	2	Wie sind die Karten einzusetzen?
2. Karte zur Themenübersicht *(für S und L)*	1	Welche Themen kommen vor?
3. Karten zu Redemitteln *(für S)*	3	Redemittel zum Präsentieren auf 3 Niveaus (zum Kopieren)
4. Notizkarten *(für S)*	4	Vorlage für Notizen bei Vorträgen (zum Kopieren)
5. Fragekarten *(für S)*	69	Zu 8 Themen jeweils 6 bis 10 Karten mit einzelnen Fragen
6. Helferkarten *(für S)*	18	Pro Themenbereich je eine Helferkarte zur Lexik und zur Grammatik

S = Schülerinnen und Schüler; L = Lehrkräfte

Charlas de un minuto – Monologisches Sprechen fördern

Hinweise für die Lehrkraft

Die Förderung der Kompetenz Sprechen nimmt einen immer größer werdenden Raum in der Planung eines kompetenz- sowie lernerorientierten Spanischunterrichts ein. Neben den im Unterrichtsgeschehen meist stattfindenden dialogischen Gesprächssituationen – in Partner- sowie Gruppen- bzw. Plenumsarbeitsphasen – besteht für eine Schulung des monologischen Sprechens, die alle Lernenden aktiviert, wenig Raum.

Die vorliegende Sammlung der sowie in Teilen auch nach Inhalten sortierten Charlas de un minuto versucht, den Lehrenden eine einfache Möglichkeit zu bieten, das monologische Sprechen im „ganz normalen“ Regelunterricht zu üben. Dass grammatikalischen Phänomenen in einem kompetenzorientierten Fremdsprachenunterricht eine Dienerrolle zukommen, spiegelt sich in der Verknüpfung inhaltlicher und schülernaher Fragen mit den zur Beantwortung nötigen sprachlichen Mitteln aus dem Bereich der Lexik bzw. vor allem Grammatik dieses Konzepts wider.

Wie die Lehrkraft die Charlas de un minuto in ihrem Unterricht einsetzt, kann sie selbst wählen. Folgende Verwendungsweisen bieten sich an: Sie eignen sich u. a. als

- **Tarea extra** bzw. zur Binnendifferenzierung – leistungsstarke und häufig motivierte Lernende, die als „Schnelle" bereits früher mit den von der gesamten Lerngruppe zu bearbeitenden Aufgaben fertig sind, können sich in der Zwischenzeit mit der Vorbereitung einer Kurzpräsentation (meist in Einzelarbeit) oder der Vorstellung der Kurzpräsentation (meist in Partnerarbeit) beschäftigen;

- **Calentamiento** bzw. als Unterrichtseinstieg, in dem sich die Lernenden zu Beginn des Unterrichts mit den ihnen meist bekannten sprachlichen Strukturen „einsprechen";

- **Ejercicio** bzw. als Übungsphase, in der das monologische Sprechen geübt wird;

- **Tarea final** bzw. als kompetenzorientierte Lernaufgabe, die am Ende eines Lernprozesses steht und für deren Bewältigung verschiedene Schritte vorher im Unterricht er- bzw. bearbeitet werden;

- **Actividad en pareja / en grupo** bzw. als Gesprächsimpuls, um in möglichst dezentralen Unterrichtssituationen eine möglichst hohe Schüleraktivierung zu gewährleisten (idealerweise mit kleinen Höraufträgen für den oder die Mitschüler).

Die Fragen der Charlas de un minuto rücken die Dienerrolle der Grammatik in den Mittelpunkt, weshalb die notwendige Lexik einen schülernahen Charakter besitzt. Darüber hinaus sind die Fragen unabhängig vom Lehrwerk und basieren auf dem Lernstand, über den Lernende in der Regel verfügen, wenn sie sich mit den jeweils erforderlichen sprachlichen Mitteln beschäftigen. Anders ausgedrückt: Schülerinnen und Schüler, die sich mit dem verknüpften grammatikalischen Phänomen beschäftigen, erlernen gerade diejenigen sprachlichen Mittel, die zur Beantwortung der Frage der Charla notwendig sind oder haben diese bereits erlernt.

Notiz: Aus Gründen der besseren Lesbarkeit wird in diesem Buch überwiegend die männliche grammatische Form verwendet. Selbstverständlich sind damit auch immer Frauen und Mädchen gemeint, also Lehrerinnen und Schülerinnen etc.

Temas de las charlas de un minuto

1. El presente
2. Los verbos reflexivos
3. El futuro inmediato
4. El pretérito indefinido
5. El pretérito imperfecto
6. Los pretéritos indefinido e imperfecto
7. El pretérito perfecto
8. El subjuntivo
9. La vida de los jóvenes
10. Migraciones
11. España antes y hoy

Expresiones útiles para una charla de un minuto

Nivel básico

La introducción:

Voy a hablar sobre …

El tema de mi charla es …

Enlaces para estructurar:

+ además …, también …, luego …

– pero …, por el contrario …

= tanto … como …,

Conclusión:

Para terminar …

Es todo.

REDEMITTEL

Expresiones útiles para una charla de un minuto

Nivel intermedio

La introducción:

Voy a hablar sobre …

El tema de mi charla es …

En la siguiente charla os presento …

Primero … / Segundo … / Después …

Enlaces para estructurar:

+ además …, también …, luego …, entonces …

– pero …, por el contrario …, sin embargo …

= tanto … como …, por un lado … por otro lado …

Conclusión:

Para terminar …

Es todo.

En resumen se puede decir …

Expresiones útiles para una charla de un minuto

Nivel avanzado

La introducción:

Voy a hablar sobre …

El tema de mi charla es …

En la siguiente charla os presento …

Primero … / Segundo …/ Después …

Mi charla trata de …

Os quiero presentar …

Os voy explicar …

Enlaces para estructurar:

+ además …, también …, luego …, entonces …, por otra parte …

– pero …, por el contrario …, sin embargo …, no obstante …

= tanto … como …, por un lado … por otro lado …

Conclusión:

Para terminar…

Es todo.

En resumen se puede decir…

Desde mi punto de vista…

En mi opinión…

¿Tenéis preguntas?

REDEMITTEL

Tema de la presentación:

....

Apuntes:

....

....

....

....

....

....

....

....

....

Tema de la presentación:

....

Apuntes:

....

....

....

....

....

....

....

....

....

NOTIZKARTE

NOTIZKARTE

Tema de la presentación:

Apuntes:

NOTIZKARTE

Tema de la presentación:

....

Apuntes:

....

....

....

....

....

....

....

....

....

¿Puedes presentarte?

FRAGEKARTE

1

El presente

¿Puedes describir el lugar en el que vives?

FRAGEKARTE

1 El presente

¿Puedes presentar a tu familia?

FRAGEKARTE

1

El presente

¿Cuáles son tus aficiones?

FRAGEKARTE

1

El presente

¿Qué te gusta hacer en tu tiempo libre?

FRAGEKARTE

1

El presente

¿Qué clases te gustan y cuáles no te gustan?

FRAGEKARTE

1

El presente

¿Quiénes son tus amigos y qué te gusta hacer con ellos?

FRAGEKARTE

1

El presente

¿Qué haces por la mañana antes del colegio?

FRAGEKARTE

2

Los verbos reflexivos

¿Qué haces por la mañana un sábado normal?

FRAGEKARTE

Los verbos reflexivos

2

¿Qué haces por la mañana en las vacaciones?

FRAGEKARTE

2

Los verbos reflexivos

¿Qué hacen tus padres por la mañana?

FRAGEKARTE

2

Los verbos reflexivos

¿Puedes describir un día normal en tu vida?

FRAGEKARTE

2

Los verbos reflexivos

¿Cómo es un día perfecto de vacaciones para ti?

FRAGEKARTE

2

Los verbos reflexivos

¿Cómo es un día normal en la vida de tu familia?

FRAGEKARTE

Los verbos reflexivos

2

¿Qué vas a hacer hoy por la tarde?

FRAGEKARTE

3

El futuro inmediato

¿Qué vas a hacer mañana?

FRAGEKARTE

3

El futuro inmediato

¿Qué vas a hacer en las próximas vacaciones?

FRAGEKARTE

El futuro inmediato

3

¿Qué vas a hacer en tu próximo cumpleaños?

FRAGEKARTE

3

El futuro inmediato

¿Qué va a hacer
tu familia en
la próxima
Nochevieja?

FRAGEKARTE

3

El futuro inmediato

¿Qué vas a hacer en los próximos días?

FRAGEKARTE

3 El futuro inmediato

¿Qué vas a hacer la semana que viene?

FRAGEKARTE

El futuro inmediato

3

¿Qué hiciste ayer?

FRAGEKARTE

4

El pretérito indefinido

¿Qué hiciste el fin de semana pasado?

FRAGEKARTE

El pretérito indefinido

4

¿Qué hiciste en las vacaciones pasadas?

FRAGEKARTE

4

El pretérito indefinido

¿Qué hizo tu familia en la Navidad pasada?

FRAGEKARTE

El pretérito indefinido

4

¿A dónde viajaste en las vacaciones pasadas y qué hiciste allí?

FRAGEKARTE

4

El pretérito indefinido

¿Qué hiciste en Nochevieja el año pasado?

FRAGEKARTE

4

El pretérito indefinido

¿Cómo celebraste
tu cumpleaños
el año pasado?

FRAGEKARTE

4

El pretérito indefinido

¿Cómo era tu vida cuando tenías diez años?

FRAGEKARTE

5

El pretérito imperfecto

¿Qué hacías todas las semanas el año pasado?

FRAGEKARTE

5

El pretérito imperfecto

¿Cómo era tu vida cuando tenías cinco años?

FRAGEKARTE

5

El pretérito imperfecto

¿Cómo era tu niñez
cuando ibas
a la primaria?

FRAGEKARTE

5

El pretérito imperfecto

¿Qué hacías todos los días cuando tenías diez años?

FRAGEKARTE

5

El pretérito imperfecto

¿Qué hacías todos los días cuando tenías cinco años?

FRAGEKARTE

5

El pretérito imperfecto

¿Qué hacía tu familia en cada Navidad?

FRAGEKARTE

5

El pretérito imperfecto

¿Cómo eran tus vacaciones cuando eras joven y qué cosas interesantes te pasaron?

FRAGEKARTE

6

Los pretéritos indefinido e imperfecto

¿Qué hiciste el fin
de semana pasado
y cómo estaba
el tiempo?

FRAGEKARTE

Los pretéritos indefinido e imperfecto

6

¿Cómo estaba
el tiempo en tus
vacaciones pasadas
y qué hiciste?

FRAGEKARTE

6

Los pretéritos indefinido e imperfecto

¿Cómo era tu niñez cuando ibas a la primaria y qué cosas interesantes te pasaron?

FRAGEKARTE

Los pretéritos indefinido e imperfecto

6

¿Cómo eran
tus fiestas
de cumpleaños
cuando eras más
joven y qué hiciste?

FRAGEKARTE

6

Los pretéritos indefinido e imperfecto

¿Qué solías hacer
y qué hiciste pocas
veces con diez años?

FRAGEKARTE

Los pretéritos indefinido e imperfecto

6

En las diferentes estaciones del año pasado: ¿Cómo estaba el tiempo y qué hiciste?

FRAGEKARTE

6

Los pretéritos indefinido e imperfecto

¿Qué has hecho hoy antes de ir al colegio?

FRAGEKARTE

7

El pretérito perfecto

¿Qué actividades has hecho esta semana?

FRAGEKARTE

7

El pretérito perfecto

¿Qué clases (no) te han gustado esta semana y por qué?

FRAGEKARTE

7 El pretérito perfecto

¿Qué cosas interesantes te han pasado este mes?

FRAGEKARTE

7

El pretérito perfecto

¿A dónde has viajado ya?

FRAGEKARTE

7

El pretérito perfecto

¿Qué películas te han gustado mucho este año y por qué?

FRAGEKARTE

7

El pretérito perfecto

¿Qué has hecho este mes y qué te ha gustado mucho / poco?

FRAGEKARTE

7

El pretérito perfecto

¿Qué aconsejas a un alumno que quiere aprender otro idioma?

FRAGEKARTE

El subjuntivo

8

¿Qué quieres que hagan tus padres en el futuro?

FRAGEKARTE

El subjuntivo

8

¿Qué quieres
que hagan
tus amigos
en el futuro?

FRAGEKARTE

8

El subjuntivo

¿Cómo quieres que sean tus próximas vacaciones?

FRAGEKARTE

El subjuntivo

8

¿Qué esperas para el próximo curso?

FRAGEKARTE

8

El subjuntivo

¿Cuáles son tus
deseos para
el futuro?

FRAGEKARTE

8 El subjuntivo

¿Cuáles son tus deseos para el año que viene?

FRAGEKARTE

8

El subjuntivo

¿A qué te quieres dedicar y por qué?

FRAGEKARTE

9

La vida de los jóvenes

Si tuvieras un millón
de euros,
¿qué comprarías?

FRAGEKARTE

9

La vida de los jóvenes

¿Hasta cuándo quieres seguir viviendo en casa de tus padres y por qué?

FRAGEKARTE

La vida de los jóvenes

9

¿Podrías imaginarte vivir en el extranjero algun día? ¿Por qué (no)?

FRAGEKARTE

9

La vida de los jóvenes

¿Cuáles son las razones principales de los latinos para emigrar a EE.UU.?

FRAGEKARTE

10 Migraciones

¿Cuáles son los mayores problemas de los migrantes en otros países?

FRAGEKARTE

10 Migraciones

¿Cuáles son las ventajas y desventajas de la migración a Europa?

FRAGEKARTE

10 Migraciones

¿Cómo se podría ayudar a los migrantes en cuanto a la integración?

FRAGEKARTE

10 Migraciones

¿Puedes resumir brevemente la historia del franquismo?

FRAGEKARTE

11

España antes y hoy

¿Qué pasó en la época de la transición?

FRAGEKARTE

11

España antes y hoy

¿Puedes explicar el movimiento político 15-M?

FRAGEKARTE

11

España antes y hoy

El botellón en España, ¿hay que prohibirlo?

FRAGEKARTE

11

España antes y hoy

¿Cuáles son los mayores problemas de los jóvenes en España?

FRAGEKARTE

11

España antes y hoy

1. El presente

	bail**ar**	viv**ir**	beb**er**	**ser**	**estar**
yo	bail**o**	viv**o**	beb**o**	**soy**	**estoy**
tú	bail**as**	viv**es**	beb**es**	**eres**	**estás**
él / ella	bail**a**	viv**e**	beb**e**	**es**	**está**
nosotr@s	bail**amos**	viv**imos**	beb**emos**	**somos**	**estamos**
vosotr@s	bail**áis**	viv**ís**	beb**éis**	**sois**	**estáis**
ell@s	bail**an**	viv**en**	beb**en**	**son**	**están**

1. El presente

[A mí] **me gusta**	bailar	*Infinitivo*
	el fútbol	*Art. + Subst. (Singular)*
	la música	
[A nosotros] **nos gusta**	bailar	*Infinitivo*
	el fútbol	*Art. + Subst. (Singular)*
	la música	
[A nosotros] **nos gustan**	las fiestas	*Art. + Subst. (Plural)*

Singular → gusta (≈ gefällt)
Plural → gustan (≈ gefallen)

HELFERKARTE

1. El presente

Vocabulario

la familia

- el padre / la madre
- el hermano / la hermana
- el tío / la tía
- el abuelo / la abuela
- el primo / la prima

1. El presente

Vocabulario

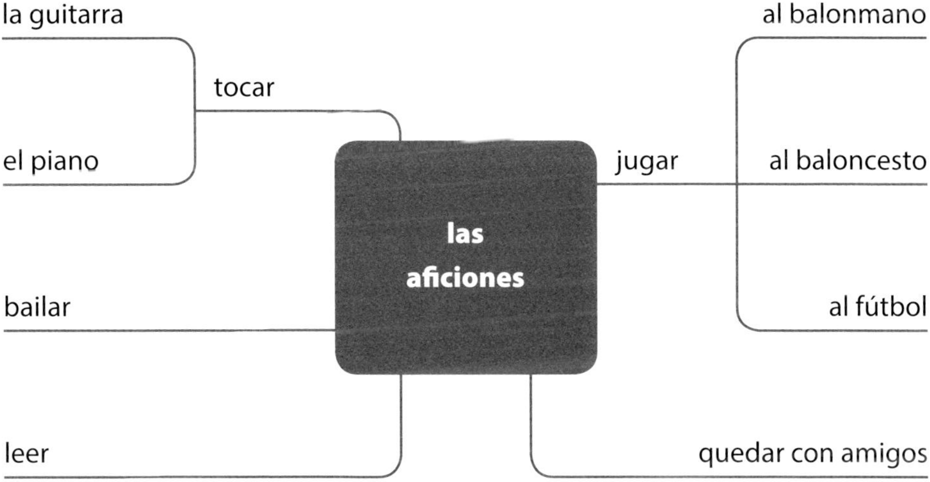

HELFERKARTE

1. El presente

Vocabulario

las asignaturas

- música
- geografía
- inglés
- historia
- biología
- educación física
- español
- alemán
- química
- las matemáticas

2. Verbos reflexivos

	pronombre reflexivo	verbo
yo	**me**	levant**o**
tú	**te**	levant**as**
él / ella	**se**	levant**a**
nosotr@s	**nos**	levant**amos**
vosotr@s	**os**	levant**áis**
ell@s	**se**	levant**an**

pronombre = terminación del verbo

HELFERKARTE

3. El futuro inmediato

Vocabulario

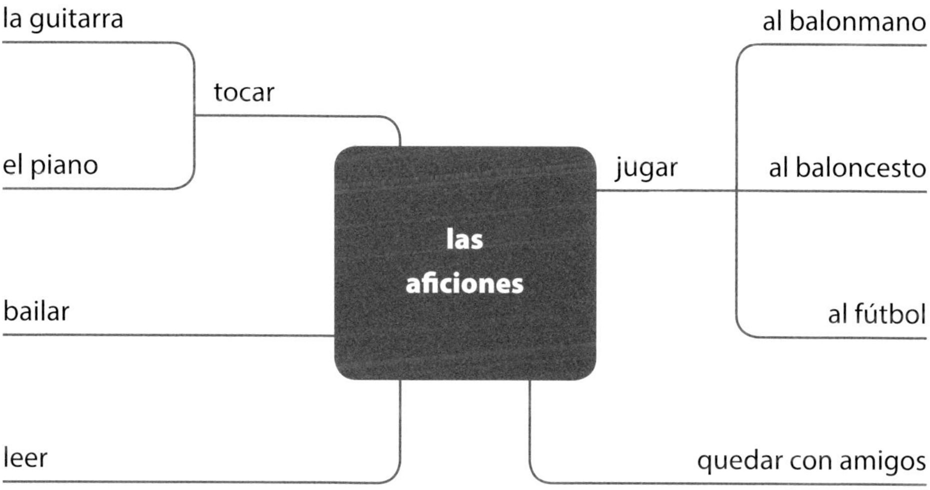

3. El futuro inmediato

	Forma conjugada de ir	+ a	+ Infinitivo
yo	**voy**		
tú	**vas**		
él / ella	**va**	a	hacer
nosotr@s	**vamos**		
vosotr@s	**vais**		
ell@s	**van**		

3. El futuro inmediato

Vocabulario

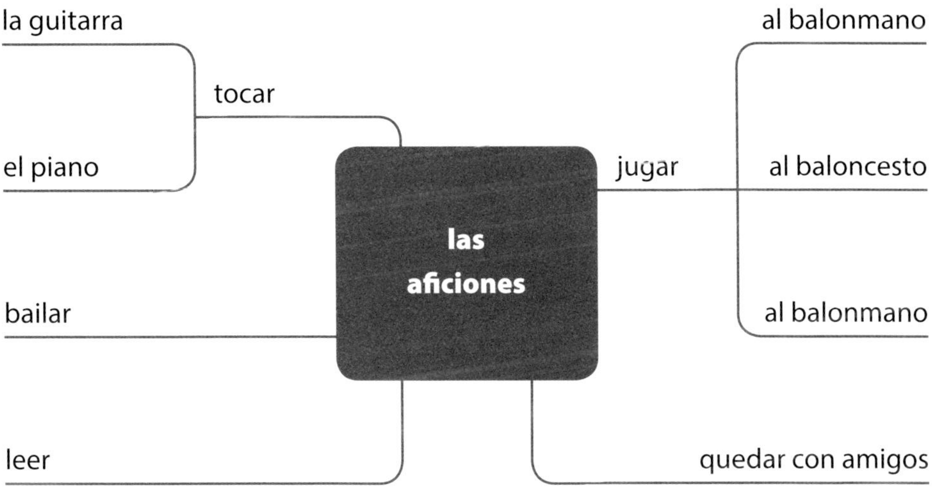

HELFERKARTE

4. El pretérito indefinido

	bail**ar**	viv**ir**	beb**er**	**ser**	**estar**
yo	bail**é**	viv**í**	beb**í**	**fui**	**estuve**
tú	bail**aste**	viv**iste**	beb**iste**	**fuiste**	**estuviste**
él / ella	bail**ó**	viv**ió**	beb**ió**	**fue**	**estuvo**
nosotr@s	bail**amos**	viv**imos**	beb**imos**	**fuimos**	**estuvimos**
vosotr@s	bail**asteis**	viv**isteis**	beb**isteis**	**fuisteis**	**estuvisteis**
ell@s	bail**aron**	viv**ieron**	beb**ieron**	**fueron**	**estuvieron**

4. El pretérito indefinido

	hacer	decir	poner	poder	tener
yo	**hice**	**dije**	**puse**	**pude**	**tuve**
tú	**hiciste**	**dijiste**	**pusiste**	**pudiste**	**tuviste**
él / ella	**hizo**	**dijo**	**puso**	**pudo**	**tuvo**
nosotr@s	**hicimos**	**dijimos**	**pusimos**	**pudimos**	**tuvimos**
vosotr@s	**hicisteis**	**dijisteis**	**pusisteis**	**pudisteis**	**tuvisteis**
ell@s	**hicieron**	**dijeron**	**pusieron**	**pudieron**	**tuvieron**

4. El pretérito indefinido

Vocabulario

5. El pretérito imperfecto

	bail**ar**	viv**ir**	beb**er**	**ser**	**ir**
yo	bail**aba**	viv**ía**	beb**ía**	**era**	**iba**
tú	bail**abas**	viv**ías**	beb**ías**	**eras**	**ibas**
él / ella	bail**aba**	viv**ía**	beb**ía**	**era**	**iba**
nosotr@s	bail**ábamos**	viv**íamos**	beb**íamos**	**éramos**	**íbamos**
vosotr@s	bail**abais**	viv**íais**	beb**íais**	**erais**	**ibais**
ell@s	bail**aban**	viv**ían**	beb**ían**	**eran**	**iban**

6. Los pretéritos indefinido e imperfecto

Indefinido	Imperfecto
▸ Einfache Aktion in der Vergangenheit	▸ Sich wiederholende Aktionen in der Vergangenheit
▸ Aufeinanderfolgende Aktionen in der Vergangenheit	▸ Beschreibung in der Vergangenheit
▸ Aktion die während einer anderen Aktion einsetzt	▸ Zeitgleich ablaufende Aktionen in der Vergangenheit

7. El pretérito perfecto

	Forma conjugada de haber	+	Participio
yo	**he**		
tú	**has**		habl**ado**
él / ella	**ha**		com**ido**
nosotr@s	**hemos**		ven**ido**
vosotr@s	**habéis**		
ell@s	**han**		

Formas regulares del participio:

*habl**ar*** → *habl**ado***
*com**er*** → *com**ido***
*ven**ir*** → *ven**ido***

7. El pretérito perfecto

Formas irregulares del participio

hacer	hecho
poner	puesto
volver	vuelto
resolver	resuelto
ver	visto
romper	roto
traer	traído
leer	leído
decir	dicho
abrir	abierto
morir	muerto
imprimir	impreso
escribir	escrito
oír	oído

HELFERKARTE

8. El subjuntivo

	-ar → -e bail**ar**	*-ir → -a* viv**ir**	*-er → -a* beb**er**	**ser**	**estar**
yo	bail**e**	viv**a**	beb**a**	**sea**	**esté**
tú	bail**es**	viv**as**	beb**as**	**seas**	**estés**
él / ella	bail**e**	viv**a**	beb**a**	**sea**	**esté**
nosotr@s	bail**emos**	viv**amos**	beb**amos**	**seamos**	**estemos**
vosotr@s	bail**éis**	viv**áis**	beb**áis**	**seáis**	**estéis**
ell@s	bail**en**	viv**an**	beb**an**	**sean**	**estén**

HELFERKARTE

8. El subjuntivo

	1ª persona indicativo	**1ª persona subjuntivo**	[…]
tener	ten**go**	ten**ga**	ten**gas** …
hacer	ha**go**	ha**ga**	ha**gas** …
decir	di**go**	di**ga**	di**gas** …
oír	oi**go**	oi**ga**	oi**gas** …

HELFERKARTE

¡Arriba!

Mit Kurzpräsentationen üben Ihre Schülerinnen und Schüler effektiv das monologische Sprechen – unsere handlichen Karten bieten das passende Material dazu!

Anhand von gezielten und schülernahen Fragen werden relevante grammatikalische Phänomene ganz nebenbei angewendet und verfestigt. Mit unterstützenden Hilfekarten kann die Präsentation jedem gelingen.

Jederzeit einsetzbar, Spaß garantiert!

Beispielfragen:
- El presente: *¿Cuáles son tus aficiones?*
- Verbos reflexivos: *¿Qué haces por la mañana antes del colegio?*
- El subjunctivo: *¿Cuáles son tus deseos para el año que viene?*

u.v.m.

Cornelsen

ISBN 978-3-589-16528-5

9 783589 165285